LA GUERRE DU PACIFIQUE

SECONDE PARTIE

par JEAN-MICHEL CHARLIER et VICTOR HUBINON

DUPUIS

Dépôt légal : octobre 1990   D. 1983/0089/73
ISBN 2-8001-0820-7   ISSN 0771-9000
© 1983 by World Créations and Editions Dupuis.
Tous droits réservés.
Imprimé en Belgique.

Tigres Volants

Curtiss P. 40 des "Tigres Volants" sur un aérodrome chinois en 1942.

LES TIGRES VOLANTS

COMME tous les albums de la série, cet épisode est calqué sur une authentique réalité historique. Il se situe dans les années 1943/1944, à l'époque où, dans une Chine totalement encerclée, la XIVe Air Force du général Chennault, uniquement ravitaillée par le pont aérien quotidien fonctionnant entre l'Assam et Tchoung-King, tenait victorieusement tête aux escadrilles japonaises acharnées à sa perte.

Pour réussir ce miracle, Chennault improvisait des solutions au jour le jour. Dix mille vieux émetteurs de radio, promis à la casse, avaient été distribués partout sur le territoire chinois occupé par les Japonais et permettaient aux partisans de renseigner immédiatement les "Tigres Volants" sur l'importance et la direction des raids ennemis. Un système d'alerte rudimentaire, mais d'une rare efficacité, le "jing-bao", permettait aux chasseurs américains de ne décoller qu'à coup sûr, au dernier moment, et surtout de concentrer une puissance de feu maximum là où les circonstances l'exigeaient. Des armées de coolies avaient même installé, *derrière les lignes japonaises,* des pistes clandestines sur lesquelles allaient s'embusquer les pilotes de Chennault pour prendre à revers les formations ennemies.

Enfin, des équipes de résistants chinois se chargeaient de récupérer en territoire ennemi les pilotes américains abattus et les ramenaient dans les lignes amies. Pourtant les moyens manquaient cruellement. Il fallait brûler dix litres d'essence pour en acheminer un seul d'Inde jusqu'en Chine. Les trous percés par les balles dans les tôles des avions étaient colmatés avec du mastic ou du chewing-gum. Et l'on récupérait les pièces sur les épaves hors d'état de voler pour réparer les appareils, voire pour en fabriquer totalement de nouveaux.

L'armée de terre, commandée par le général "Vinegar" Stillwell, disputait férocement aux "Tigres Volants" les approvisionnements dramatiquement insuffisants acheminés par le "pont aérien" et dont, de surcroît, une bonne partie allait aux armées de Tchang Kaï-Chek qui... les revendaient au marché noir !

C'est dans ces circonstances particulièrement précaires qu'un nouveau et terrible effort fut exigé par le Haut Commandement allié à la XIVe Air Force de Chennault : couvrir et soutenir la reconquête de la Birmanie, entreprise par le corps expéditionnaire du général Stillwell. C'est à cette époque que débute le récit que vous allez lire...

Chennault donnant des instructions au commandant de l'une de ses escadrilles de "Tigres Volants" en Chine en 1942.

Des coolies chinois construisent une piste clandestine pour les "Tigres Volants" derrière les lignes japonaises en 1942.

Une escadrille de Curtiss P. 40 des "Tigres Volants" de la XIVe Air Force part à l'attaque dans le ciel de Chine.

Le grand rival de Chennault, le général Joe "Vinegar" Stillwell, avec Tchang Kaï-Chek et Mme Tchang à l'époque où il préparait son offensive en Birmanie.

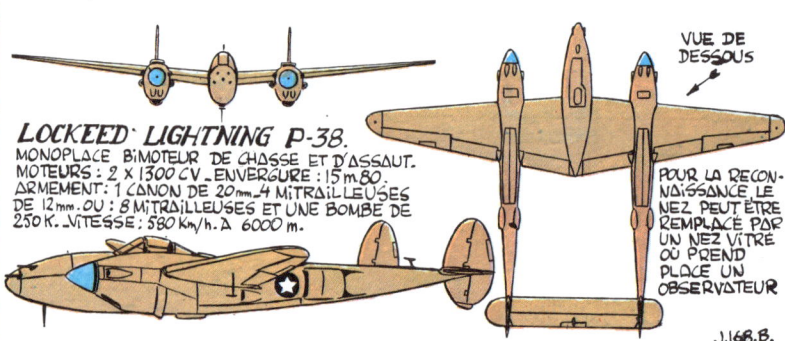

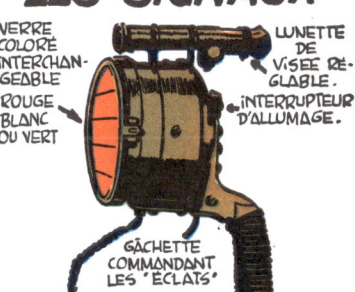

14

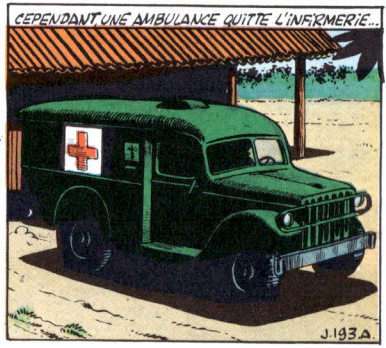

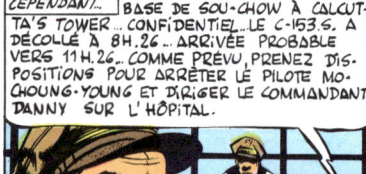

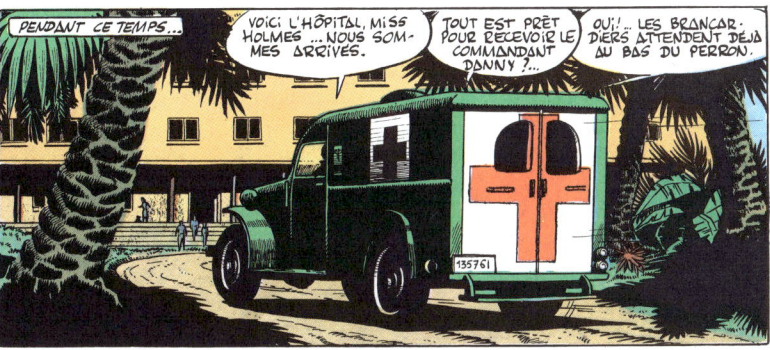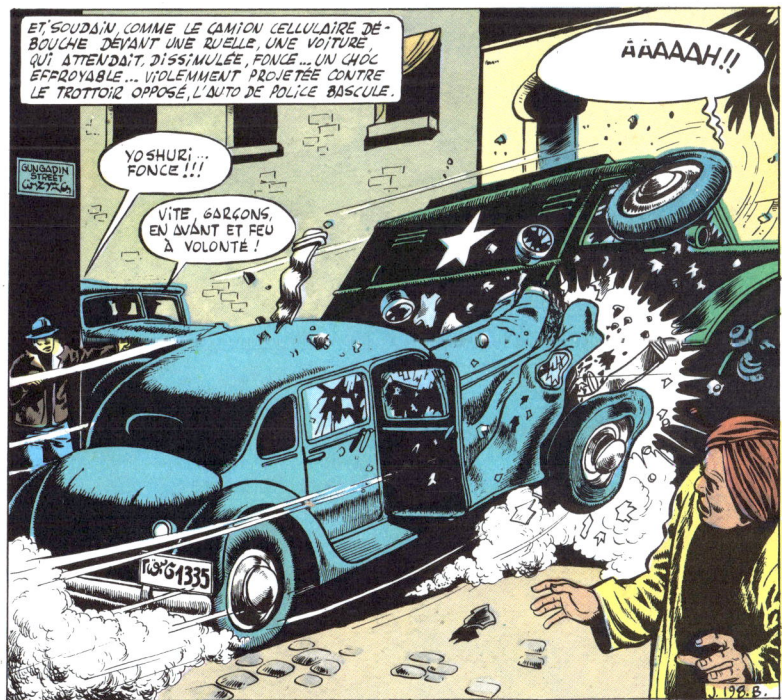

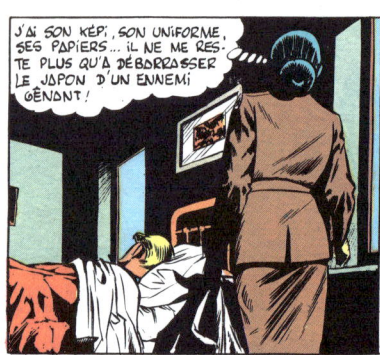

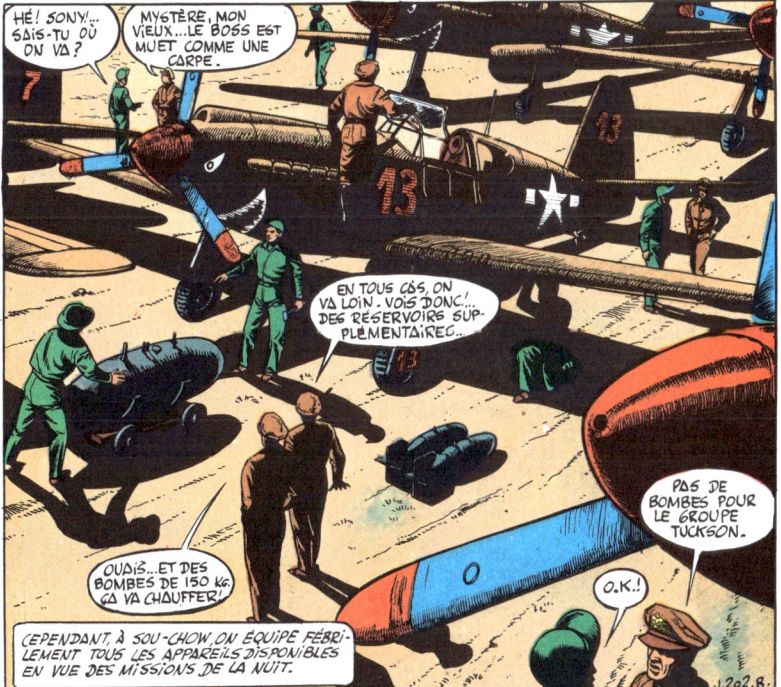

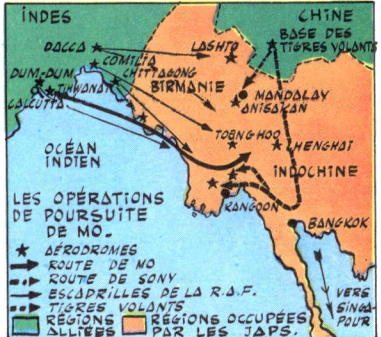

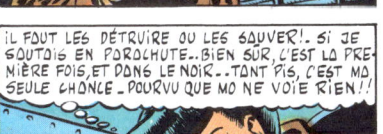

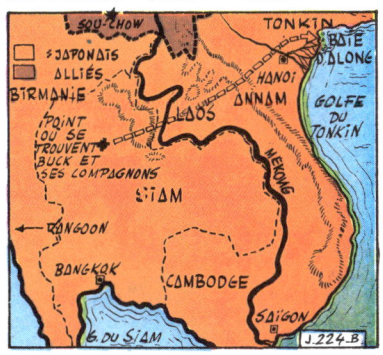

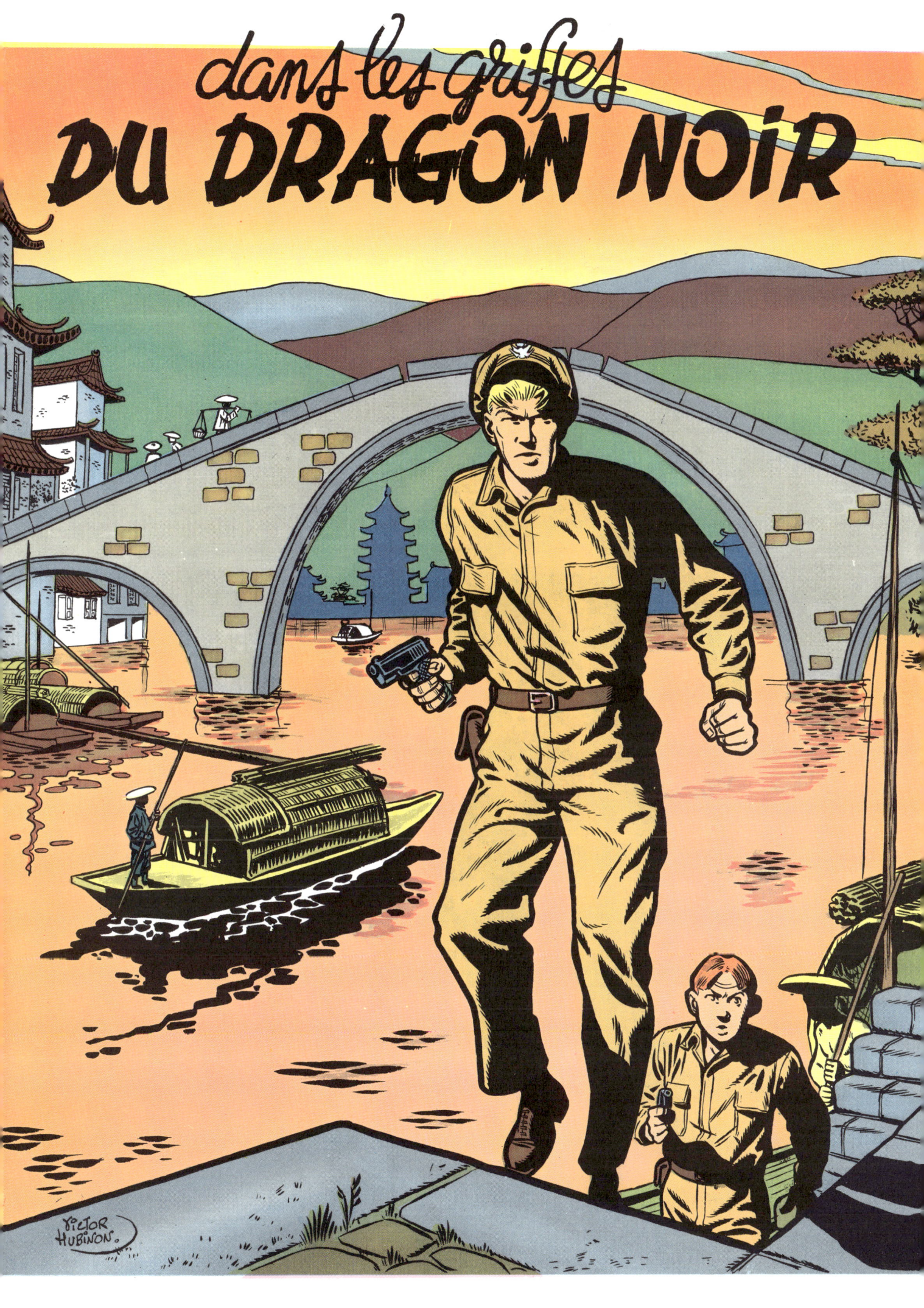

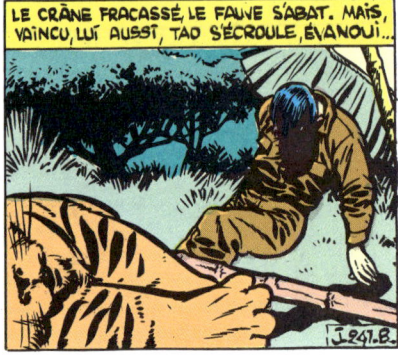

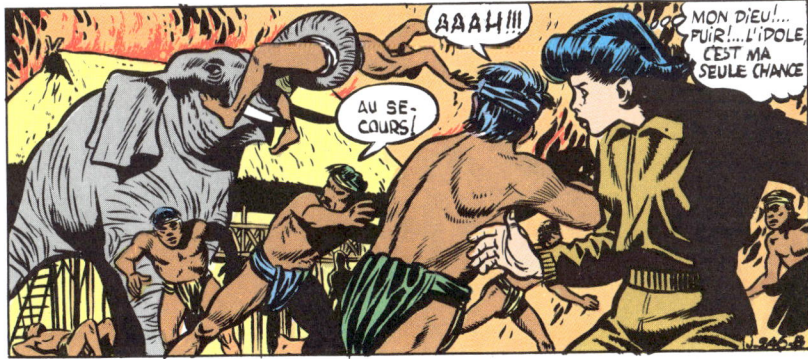

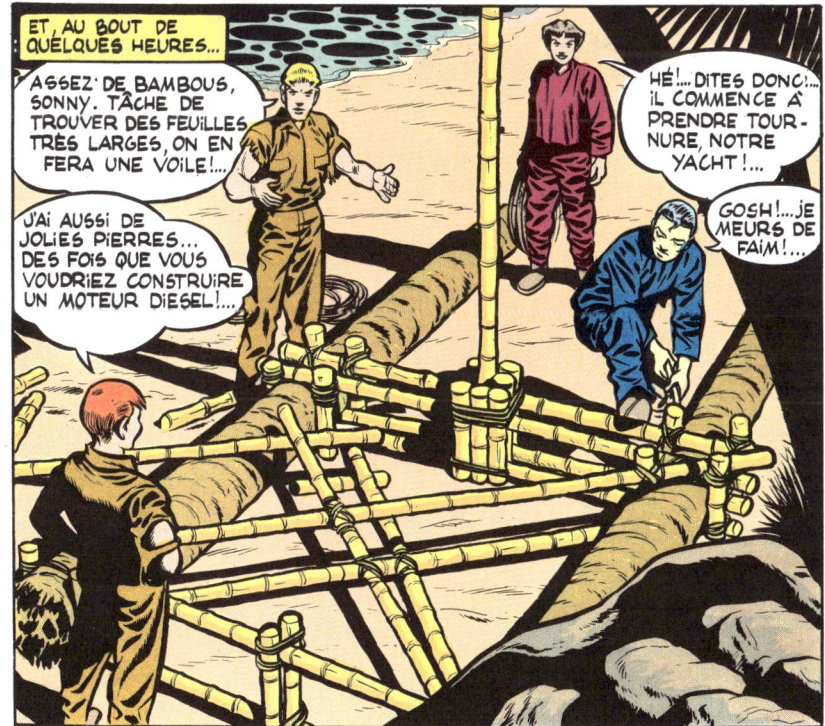

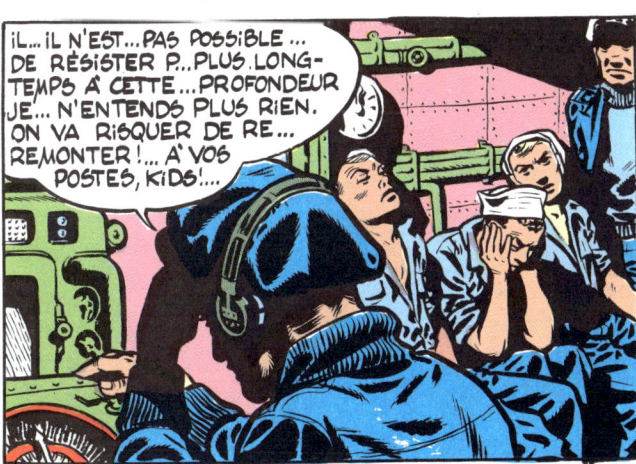

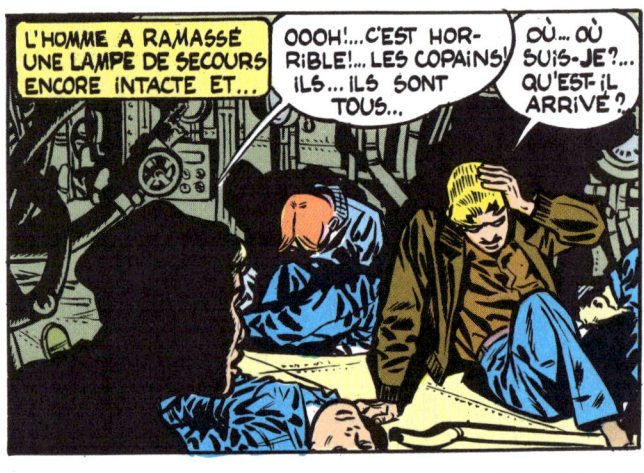

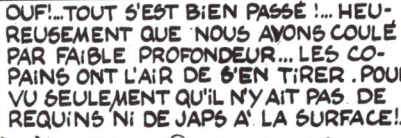

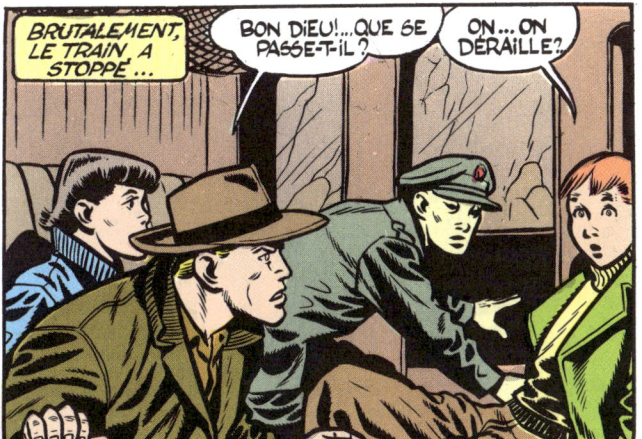

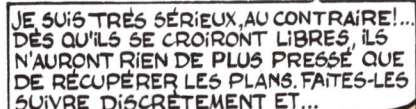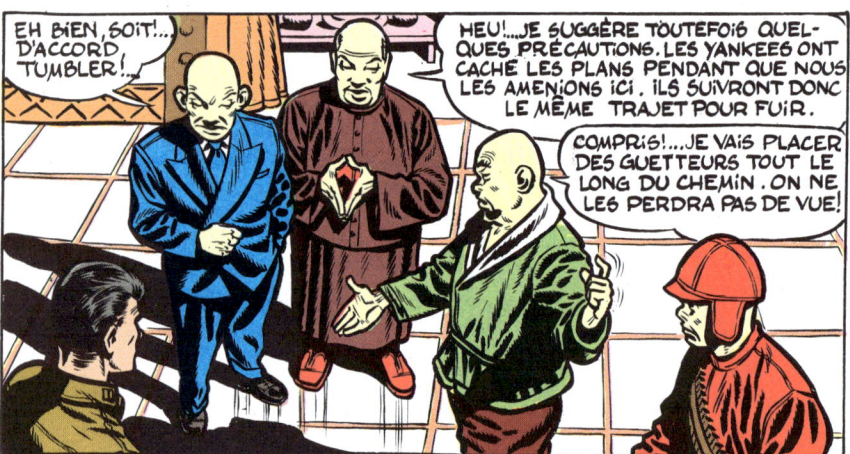

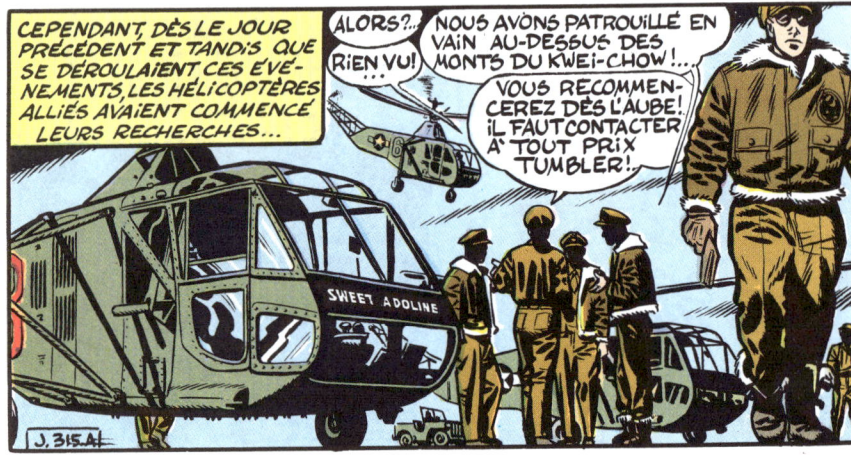